Cotillon (le)

1862

147

LE COTILLON

A-PROPOS

MÊLÉ DE COUPLETS

Représenté pour la première fois, à Paris, sur le théâtre du VAUDEVILLE
le 30 mars 1862

Lagny. — Typographie de A. Varigault

LE

COTILLON

A-PROPOS MÊLÉ DE COUPLETS

PAR

MM. CLAIRVILLE ET CHOLER

PARIS

MICHEL LÉVY FRÈRES, LIBRAIRES ÉDITEURS

RUE VIVIENNE, 2 BIS, ET BOULEVARD DES ITALIENS, 15

A LA LIBRAIRIE NOUVELLE

1862

PERSONNAGES

CHRISTOVAL	MM. CHAUMONT.
ADRIEN	NERTANN.
JOHNSTON	PASCAL.
GRANDBOUGEOIR	SAINT-GERMAIN.
PLUMASSIN	HAMBURGER.
BICHONNET	JOLIET.
RAVAGEON	RICQUIER.
BEAUREGARD	FROMENT.
ATALA, femme de Christoval	Mmes LAMBQUIN.
ÈVA, fille de Christoval	F. CELLIER.
AMÉLIE, femme de Plumassin	MANVOY.
CONSTANCE, femme de Bichonnet	SURAND.
JULIE, femme de Ravageon	C. GERMA.
CLARISSE, femme de Beauregard	CLOTILDE.
ÈVELINA, jeune veuve	B. PIERSON.
BERTHE, idem	BIANCA.

De nos jours, à Paris.

NOTA. — Pour la mise en scène, s'adresser à M. BRIERRE, souffleur-copiste au théâtre.

HISTOIRE

D'UNE

PIÈCE DE THÉATRE

Depuis quelque temps, de certaines rumeurs se répandent dans le public et dans les journaux : ce qui amusait autrefois, ce qui amuse encore la majorité des spectateurs, semble déplaire à quelques esprits chagrins ou trop sérieux, qui regardent comme outrageant les bonnes mœurs, comme incompatibles avec le bon goût et les saines traditions des actrices en maillot, dansant des pas plus ou moins légers dans des pièces plus ou moins légères.

Sans examiner ici la portée de semblables scrupules, le devoir et l'intérêt des auteurs étant toujours de se conformer aux idées du public, voici le dialogue qui s'établit un jour entre les deux complices de l'œuvre malencontreuse que nous livrons à l'examen de nos amis et de nos ennemis.

— Bonjour !

— Ça va bien?

— Je vous rencontre à propos. Avez-vous vû danser le cotillon?

— Je ne vais jamais au bal.

— Moi, j'y vais souvent, mais je n'y reste pas, et le cotillon se danse fort tard. Voilà deux fois pourtant que je le vois danser, et je vous certifie que rien n'est plus étrange. Des messieurs en habit noir et en bonnet de coton dansant avec des joujoux ; des dames jonglant avec des boules dorées, faisant passer les messieurs dans des cerceaux, leur mettant sur la tête des figures grotesques et des faux nez... Ou je me trompe fort, ou tout cela serait très-original au théâtre.

— Y pensez-vous?... Des femmes ! de la danse ! Mais vous ignorez donc que certains journaux et même, il faut le reconnaître, une certaine partie du public protestent aujourd'hui contre ce genre de spectacle?

— Vous ne comprenez pas. Il ne s'agit point ici des danses de Mabille et du Casino, il ne s'agit ni de gaudrioles ni de maillots, mais seulement d'une danse du monde, dansée par des actrices en toilette de bal ; je ne vous parle enfin que d'un simple à-propos pour amener le cotillon. Ce qu'il faudrait pouvoir trouver, c'est quelque chose d'élégant, d'honnête, un tableau du faubourg Saint-Germain!

— Voyons, examinons cela.

Et voilà les deux auteurs à l'œuvre.

Comment amener le cotillon sans retomber dans tout ce qui a été fait pour amener des polkas, des Lanciers, des cachuchas, etc., etc.? Être honnête et comique, gai sans être vulgaire, c'est fort difficile!

Une idée se présenta pourtant, et ce fut la guerre d'Amérique qui la fournit. La guerre d'Amérique et le cotillon, n'était-ce pas assez curieux déjà?

Voilà quelle fut la fable inventée.

Une Américaine du sud a épousé un Américain du nord, homme froid qui se couche à minuit, et blâme les fatigues et les dépenses de sa femme qui ne rêve que soirée, fêtes, bals, etc., etc.

Or, que fait celle-ci en cachette de son mari? Elle organise un cotillon qui doit éclipser tous ceux dont on lui a raconté les merveilles. Elle s'adresse à Giroux pour les accessoires, et dans un brouillon de lettre qui tombe entre les mains de son mari, elle parle de drapeaux, de balles, de flèches et de carquois. Il faut que tout cela arrive chez elle mystérieusement, à l'heure où son mari est à la Bourse.

Le mari, qui tous les jours a des discussions politiques avec sa femme à propos du sud et du nord, s'imagine qu'elle conspire, et voilà comment il arrive à n'en plus douter.

La femme protége un imbécile qui veut épouser sa fille, et qui, pour flatter la mère, s'est engagé à conduire le cotillon qu'il ne connaît pas, qu'il n'a jamais vu danser.

Or, cet imbécile a, tout naturellement, un rival très-spirituel, aimé de la jeune personne. Ce rival profite de l'erreur de M. Christoval, c'est le nom du mari, pour lui persuader que M. Grandbougeoir, c'est le nom de l'imbécile, doit conduire, non le cotillon, mais la conspiration. De là des quiproquos se terminant à la satisfaction des amants et par le cotillon.

Eh bien, nous le demandons, tout cela n'est-il pas d'une grande innocence?... Et à première vue, cela ne pouvait-il pas paraître devoir suffire au but que se proposaient les auteurs : occuper vingt minutes les spectateurs avant d'arriver à l'objet principal, le cotillon?

Que tout cela déplaise, soit mauvais, détestable, nous le voulons bien. Jamais nous n'avons défendu une pièce contre l'arrêt du public. Ce que nous tenons à établir, le voici :

La pièce ne renferme pas un mot risqué; les couplets ne sont d'une si grande faiblesse que parce que les auteurs n'ont voulu donner prise à aucun blâme, à aucun reproche. Par le dialogue, par le décor, par les costumes, par la mise en scène, la pièce est élégante; elle est donc à sa place sur la scène du Vaudeville.

Qui donc aurait pu s'attendre aux événements dont elle fut la cause innocente?

Le dimanche 30 mars, le rideau se levait à dix heures du soir sur la polka qui commence la pièce. Jusqu'au dénoûment, le public écouta, ne manifestant son opinion que par de légers rires accordés aux quiproquos qui servent de sujet à la pièce et de prétexte au cotillon. — Les auteurs n'attendaient pas davantage, et, la danse arrivée, ils durent se croire sauvés.—Déjà l'un d'eux s'écriait: « Merci, merci, mon Dieu! » lorsqu'à ces mots : « En place pour le cotillon! les derniers de la pièce, une quinzaine de sifflets se firent entendre à l'orchestre, et jusqu'au baisser de la toile, c'est-à-dire pendant un quart d'heure que durait le cotillon, l'accompagnèrent avec acharnement, à la grande surprise du public, des directeurs, des auteurs et des artistes.

Que s'était-il passé? Pourquoi cette rigueur, envers un à-propos qui ne méritait :

Ni cet excès d'honneur, ni cette indignité?

Le lendemain, la pièce se jouait à un bénéfice ; tout l'orchestre était loué. — On lève le rideau. Cette fois, les sifflets n'attendent pas la danse, ils veulent empêcher la pièce. — La majorité du public proteste; le scandale est à son comble; la garde intervient; des arrestations sont faites.

On avait baissé le rideau, on le relève, les mêmes clameurs obligent à le rebaisser. Enfin, l'on renonce à jouer la pièce, et l'on va commencer celle qui doit terminer la soirée; mais les spectateurs, qui avaient payé pour voir *le Cotillon,* font à leur tour baisser le rideau, et le commissaire de police fait évacuer la salle.

Les auteurs pensaient bien ne plus être joués, et, en effet, le lendemain, l'affiche annonçait un autre spectacle, et ne parlait plus du *Cotillon*. Les auteurs ne protestaient pas et se résignaient sans comprendre; mais le surlendemain, à leur grande surprise, la troisième représentation fut annoncée.

La pièce commence au milieu d'un calme parfait. Cependant l'orage grondait dans l'air. Bientôt les acteurs sont troublés par un bruit de cannes les accompagnant à l'orchestre. — Puis des éclats de rire aux mots les moins risibles. — Enfin la danse va commencer, et la foudre éclate.

Déjà la salle entière est debout; les loges, les galeries, le parterre sont en lutte avec l'orchestre; des sifflets, des applaudissements, des cris en haut, en bas; enfin la garde obligée d'intervenir encore, et le rideau se baissant au milieu d'une véritable bataille.

Nous renonçons à faire le récit de la quatrième et dernière représentation. Jamais scène plus affligeante, plus regrettable, plus incompréhensible ne s'était passée dans un théâtre.

Mais comme, lorsqu'un grand scandale vient de finir, le public, qui n'est plus entraîné par le courant, cherche à remonter aux sources, il importe que chacun de ceux qui ont pu y contribuer, même involontairement, établisse la part de responsabilité qui lui incombe.

Les auteurs de l'innocent vaudeville chorégraphique *le Cotillon* viennent déclarer une fois plus, qu'en présence de l'opposition que la représentation de leur pièce à subie la deuxième fois, opposition qui fut telle, que cette représentation ne fut pas même commencée, ils avaient résolu de ne pas affronter une troisième épreuve; mais le droit de retirer du répertoire une pièce jouée, quoique passé en usage, n'est écrit nulle part, et ils ont dû renoncer à l'exercer, en présence de l'ordre formel, signifié au théâtre du Vaudeville, d'avoir à continuer dès le lendemain la suite des représentations.

Encore un mot:

Quelques journaux ont dit qu'à la lecture de la pièce, des actrices avaient protesté contre leur rôle et l'obligation de danser sur la scène du Vaudeville. Ces journaux sont dans l'erreur.

Avant la lecture, le directeur avait pris en particulier chaque artiste, et lui avait demandé comme complaisance de jouer dans cette pièce, faite uniquement pour terminer la soirée par un peu de spectacle.

Tous ont accepté leurs rôles. Tous, sans exception, hommes et femmes, ont mis la plus grande complaisance à les répéter. — Nous saisissons cette occasion de leur en témoigner notre reconnaissance, ignorant encore et voulant toujours ignorer ce qui s'est passé en dehors du théâtre.

LE COTILLON

Un riche salon ; à gauche, un pan de muraille qui fait pour ainsi dire face au théâtre ; au fond, d'autres salons tout préparés pour un bal ; riche ameublement.

SCÈNE PREMIÈRE.

JOHNSTON, ATALA, PLUMASSIN, AMÉLIE, BICHONNET, CONSTANCE, RAVAGEON, JULIE, GRANDBOUGEOIR, EVELINA, ADRIEN, EVA, BEAUREGARD, CLARISSE, BERTHE, DANSEURS DES DEUX SEXES.

(Au lever du rideau, tout le monde polke, et chaque couple passe à son son tour en parlant, sans cesser de polker, sur le devant du théâtre.)

CONSTANCE.

Oui, monsieur Plumassin, mon mari voulait me conduire à l'exposition de Londres.

PLUMASSIN.

Et vous avez refusé ?

CONSTANCE.

J'ai si peur de la mer !

PLUMASSIN.

Oh ! la mer, moi, je l'adore ! (Ici Grandbougeoir, qui polke avec Évelina, se jette sur Constance.)

CONSTANCE, polkant.

Oh ! mais, prenez donc garde !

PLUMASSIN.

Faites donc attention, monsieur Grandbougeoir ! (Grandbougeoir s'est éloigné sans regarder.)

CONSTANCE.

Ah ! quel maladroit ! (Ils remontent.)

BEAUREGARD, polkant avec Berthe.

Oui, madame, on parle encore de me démolir.

BERTHE.

Si c'est pour vous reconstruire, vous ne pouvez qu'y gagner.

BEAUREGARD.

Certainement, certainement ; mais... (Ici Grandbougeoir se jette sur Beauregard.) Oh !

BERTHE.

Mais prenez donc garde !

BICHONNET, polkant avec Amélie.

Il n'y a que les Américains pour donner de beaux bals... Celui-ci est superbe !... Mais où est donc le maître de la maison ?

AMÉLIE.

M. Christoval ?... Oh ! il ne se prodigue pas... Je ne l'ai pas vu dans les salons.

BICHONNET.

Sa femme, la belle Atala, le remplace.

RAVAGEON, qui vient d'entrer en polkant avec Julie.

Bichonnet, savez-vous pourquoi la rente a monté de vingt-cinq centimes ?

BICHONNET.

A cause des nouvelles d'Amérique.

JULIE.

Ah çà ! messieurs, sommes-nous à la Bourse, ou au bal ?

RAVAGEON.

Pardon, belle dame, pardon. (Ici, Grandbougeoir, qui polke avec Évelina, vient se jeter dans les quatre polkeurs.)

BICHONNET.

Prenez donc garde !

RAVAGEON.

Est-ce que vous n'y voyez pas clair ?... . (Il repousse Granbougeoir, qui va tomber sur Clarisse, laquelle polke avec un jeune homme.)

CLARISSE.

Ah ! mon Dieu !... que faites-vous donc ?

JULIE.

Oh ! c'est M. Grandbougeoir !

AMÉLIE.

Quel être insupportable !

CLARISSE.

Il m'a toute chiffonnée. (Ils remontent. — Adrien arrive à son tour, et devise en polkant avec Éva sur l'avant-scène.)

ADRIEN.

Éva, je vous adore !

ÉVA.

Prenez garde, maman est là !

ADRIEN.

Je sais que j'ai un rival ; mais malheur à lui !

ÉVA.

Ce n'est pas à moi qu'il faut dire cela, parlez à mon père.

ADRIEN.

Votre père, un Américain du nord?

ÉVA.

Raison de plus.

ADRIEN.

C'est vrai, un homme qui combat pour l'union doit consentir à la nôtre. (Ils remontent.)

ÉVELINA, à Grandbougeoir, qui polke toujours.

Mais, au moins, sautez donc en mesure!

GRANDBOUGEOIR.

C'est l'orchestre qui me gêne...

ÉVELINA.

Oh! que vous êtes lourd!

GRANDBOUGEOIR.

Mais non, mais non! Je vous certifie que c'est l'orchestre...

ÉVELINA.

Mais sautez donc en mesure!

GRANDBOUGEOIR.

C'est l'orchestre qui ne me suit pas. (Tous les polkeurs se sont dirigés vers les salons du fond, dans lesquels ils ont disparu tout à coup. — Évelina et Grandbougeoir viennent de sortir les derniers; la musique continue un instant.)

SCÈNE II.

ATALA, JOHNSTON.

(Ils se promènent tous deux en mangeant des glaces.)

ATALA.

Monsieur Johnston, quelle heure est-il?

JOHNSTON, tirant sa montre.

Neuf heures sonnent en ce moment dans Broadway, à New-York.

ATALA.

Comment, neuf heures!

JOHNSTON.

A Broadway... Mais à Paris, nous approchons de deux heures du matin.

ATALA, à elle-même, et marchant avec agitation.

Deux heures! Encore une heure!... Oh! le temps ne marche pas... Je suis d'une impatience!

JOHNSTON, à part.

En effet, belle dame, vous êtes bien agitée!... (Haut.) Prenez garde, votre glace est finie, vous allez avaler la cuiller.

ATALA.

Bien obligée.

JOHNSTON, s'approchant en riant.

Ah çà ! voyons, qu'est-ce que m'a dit votre mari, que vous vous insurgiez, que vous vouliez faire des émeutes?

ATALA.

M. Christoval vous ressemble; il est froid comme tous les hommes du nord... Et moi, une Américaine du sud, moi, qui suis née à Santa-Fé-de-Bogota, sur un plateau à seize cent soixante-cinq toises du sol, j'ai des idées un peu plus élevées que les vôtres; et quand j'entends mon mari raisonner sur l'émancipation, quand je l'entends se plaindre de l'esclavage, voyez-vous, ça me fait bouillir. Mais, patience, patience! nous verrons bien qui l'emportera, de l'Amérique du nord ou de l'Amérique du sud!

JOHNSTON.

Vous voulez donc devenir sauvage?

ATALA.

Non, monsieur... Je ne l'ai jamais été et je ne commencerai certainement pas. (Bruit au dehors.)

JOHNSTON.

La foule revient de son côté, tâchons de rejoindre Christoval. (Il sort.)

SCÈNE III.

TOUS LES PERSONNAGES DE LA PREMIÈRE SCÈNE, moins JOHNSTON.

BERTHE.

C'est intolérable!...

CLARISSE.

Il a failli déchirer ma robe.

AMÉLIE.

Il m'a marché trois fois sur le pied.

JULIE.

C'est le plus mauvais danseur que je connaisse.

GRANDBOUGEOIR.

Mais non, mais non. Vous ne voulez pas comprendre... Chacun a sa manière de danser. Il y a des danseurs qui sont esclaves de la musique.

CONSTANCE.

Oui, et vous n'êtes pas esclavagiste.

ÉVELINA.

Vous êtes séparatiste...

ATALA.

M. Grandbougeoir séparatiste !

GRANDBOUGEOIR.

Mais non, mais au contraire. Qu'est-ce que vous dites donc ! Voilà que vous allez m'attribuer des opinions politiques...

PLUMASSIN.

Oh ! laissons là la politique, et parlons plutôt de ce fameux cotillon tant annoncé.

ATALA.

Taisez-vous donc...

GRANDBOUGEOIR, à part.

Et dire que c'est moi qui dois le conduire. — Si j'allais me coucher?

ATALA.

Si M. Christoval vous entendait... Vous savez bien qu'il ne doit rien savoir...

BICHONNET.

C'est juste, c'est une conspiration !

ATALA.

Heureusement qu'il se couche toujours à minuit, et qu'à trois heures du matin il ne sera pas là pour nous ennuyer... Je veux que ma fête soit une des plus belles de l'hiver. J'ai acheté toute la boutique de Giroux ; car, maintenant, tout le luxe d'un bal est placé dans la richesse du cotillon !

PLUMASSIN.

Moi j'adore le cotillon dansé par les femmes des autres ; mais je n'aime pas que la mienne le danse.

TOUS.

Ah ! par exemple !

AMÉLIE.

Et pourquoi, s'il vous plaît, monsieur ?

PLUMASSIN.

Mais tout uniment, chère amie, parce que c'est une danse que je ne saurais approuver. — On n'y voit que des messieurs changer de dames et des dames changer de messieurs.

BICHONNET.

Eh bien, n'est-ce pas l'image de la vie?

TOUS.

Ah ! monsieur Bichonnet !

ÉVELINA.

Il y a huit jours, chez le marquis de Nétrocourt, on a dansé un cotillon en deux parties.

CONSTANCE.

Comme on jouait autrefois *Monte-Cristo* : aujourd'hui, la première partie ; demain, la seconde.

CONSTANCE.

Air : *Antiquaire savant.*

Au sein de doux accords,
Jadis, sans tant d'efforts,
Lorsque dans un salon
Sonnait l'heure du cotillon!
On essayait mainte et mainte figure
Que l'on devait parfois improviser.
On sautillait avec ou sans mesure,
Et seulement afin de s'amuser.

JULIE.

Plus malins et plus lourds,
Les danseurs de nos jours,
Qui dansent pour poser,
Ne dansent plus pour s'amuser.

AMÉLIE.

Le cotillon, divisé par entr'actes,
A son début, son nœud, son dénoûment :
C'est préparé comme un drame en cinq actes
Qu'il faut traiter très-sérieusement.

BERTHE.

On s'en va chez Giroux
Acheter des joujoux.

CLARISSE.

Ce qui fait, qu'en dansant,
Chaque homme a l'air d'un grand enfant.

ÉVELINA.

Tous ces joujoux ne sont que provisoires;
Et si bientôt ce luxe augmente encor,
Après avoir donné des accessoires,
On finira par poser un décor.
Enfin, tout s'ensuivra,
Et bientôt on paira
Pour voir dans un salon
Danser ce nouveau cotillon.

ATALA. On entend une ritournelle.

Ah! le quadrille!... Messieurs, la main aux dames!

GRANDBOUGEOIR.

Le quadrille, c'est mon fort! (A Éva.) Mademoiselle, voulez-vous me faire l'honneur...

ÉVA.

Merci, monsieur, je ne danse pas celle-ci.

ADRIEN, qui s'approche.

Mademoiselle, voulez-vous me faire l'honneur...

ÉVA.

Avec plaisir, monsieur.

GRANDBOUGEOIR, à part.

Comment, elle accepte...

ATALA, bas à Grandbougeoir.

Restez, il faut que je vous parle.

GRANDBOUGEOIR.

Ah! bon!

Air : *Martha.*

Vite car la nuit s'avance,
Gaiment il faut finir le bal.
De la dernière contredanse
L'orchestre a donné le signal.

ENSEMBLE.

Dépêchons-nous, etc., etc.

(Sortie générale.)

SCÈNE IV.

GRANDBOUGEOIR, seul.

Dois-je l'attendre? dois-je aller me coucher?... Voilà l'horrible question que je m'adresse avec anxiété. Je suis un jeune homme pauvre, relativement aux riches personnages que je fréquente; je n'ai pas de talents de société... je danse mal et jamais en mesure; mais ce défaut d'éducation et d'oreille, qui me nuit beaucoup près des jeunes personnes, me fait un grand bien près des mamans et des tantes. Ne pouvant danser avec les jeunes, qui trouvent que je danse mal, je danse avec les vieilles, qui trouvent bien que je danse, uniquement parce que je les fais danser. Or, voici mon histoire. C'est en faisant danser, valser, polker et mazurker la grosse maîtresse de cette maison, une Américaine du sud, toute bourrée de coton et ruisselante de dollars, que je me hasardai à lui demander sa fille en mariage. Sa réponse, à laquelle j'étais loin de m'attendre, fut celle-ci : « Aimez-vous le cotillon? » Je ne suis pas bégueule, mais le carmin de la pudeur me monta au visage. Cependant, je crus nécessaire de dissimuler mes impressions pénibles pour lui répondre avec transport : « Ah! madame, je l'adore! — Et savez-vous le conduire? » ajouta-t-elle... » Croyant qu'elle me demandait si je saurais conduire ma femme, je répondis d'un air ému... comme ça : « En pouvez-vous douter, madame? Vous qui me connaissez, vous qui... — Il suffit, me dit-elle en me coupant la parole; demain, à mon grand bal, vous conduirez le cotillon, et si le succès répond à mes espérances, vous êtes le gendre que je choisis. » — Cette scène se passait hier, à onze heures, à la petite soirée des Plumassin, et ce n'est que ce matin, en prenant des informations, que j'ai appris que le cotillon est un nouveau genre de divertissement qui se danse à trois heures du matin, heure à laquelle, ainsi que M. Christoval, je suis toujours couché.

Air : *Qu'on est heureux d'épouser celle.*

Il y va de mon mariage,
D'une dot, et, sans rien savoir,
A tout conduire, je m'engage.
Pour moi, que de dangers ce soir !...
Mais de pareils dangers se bravent :
Dans notre monde, que de gens
Qui de leurs fonctions ne savent
Que toucher les appointements !

C'est égal, c'est bien embarrassant, et je ne sais...

SCÈNE V.

GRANDBOUGEOIR, ATALA, puis ADRIEN.

ATALA.

Me voilà ! Je me suis assurée que mon mari s'est retiré. Tout le monde est au petit salon... je puis vous montrer...

GRANDBOUGEOIR.

Ah ! enfin !

ATALA, allant ouvrir une grande armoire pratiquée dans un pan de muraille faisant face au public.

Vous allez me dire si rien ne manque...

GRANDBOUGEOIR, à part.

Que vais-je apercevoir, ô mon Dieu !

ATALA, ouvrant l'armoire qui renferme une grande quantité de nœuds, de rubans, de bouquets et de petits drapeaux de toutes couleurs ; plus, des balles à jouer, des arcs et des carquois, un bonnet de coton.

Regardez !

GRANDBOUGEOIR, à part.

Charmant ! délicieux !

ATALA.

Voici les drapeaux, il y en a pour tout le monde ; les nœuds, les rubans, les bouquets... Ah ! voici les balles... Vous voyez, les noms de toutes ces dames y sont peints en lettres d'or. Voici le bonnet de coton pour la victime ; l'avez-vous choisie ?

GRANDBOUGEOIR.

La victime... si j'ai choisi... mais...

ATALA.

Vous ne voulez pas me le dire, c'est la surprise... Bien... bien... Voici les arcs et les flèches... Ah! mon Dieu!

GRANDBOUGEOIR.

Quoi donc?

ATALA.

Ce n'est pas possible!... Mais si... je ne la vois pas...

GRANDBOUGEOIR.

Quoi donc? (Adrien entre.)

ATALA.

La tête de nourrice.

GRANDBOUGEOIR.

Vous ne voyez pas la tête?

ATALA.

Giroux l'aura oubliée...

GRANDBOUGEOIR.

Giroux aurait oublié...

ATALA.

Mais c'est la pièce principale... N'est-ce pas, monsieur Adrien?

ADRIEN.

Il n'y a pas de cotillon sans cela.

GRANDBOUGEOIR, à part.

Oh! bonheur! (Haut.) Mais certainement. Le cotillon est impossible... il faut le remettre à un autre jour. (A part.) J'aurai le temps de l'apprendre.

ADRIEN.

Y pensez-vous, monsieur! Le remettre? Jamais!

ATALA.

Prenez vite une voiture, courez chez Giroux, faites enfoncer la porte s'il le faut, mais revenez avec la tête de nourrice, ou vous n'aurez pas ma fille.

Air : *Ma Commère.*

Mon cotillon, je l'exige,
Il me faut mon cotillon;
Ma fille sera, vous dis-je,
A cette condition.
Pour récompense,
Ayez d'avance
Cette assurance,
Je la maintiens.
Mais songez-y, quand je danse,
A mon cotillon, je tiens.

(Elle sort; Grandbougeoir la suit.)

SCÈNE VI.

ADRIEN, ensuite ÉVA, ensuite CHRISTOVAL.

ADRIEN.

Qu'ai-je entendu ! Sa fille, à lui... à cet imbécile, et cela parce qu'il est chargé?...

ÉVA, entrant.

Eh bien, monsieur, je cherche mon danseur, et je vous retrouve ici, tout seul !

ADRIEN.

Ah! si vous saviez...

ÉVA.

Quoi donc ?

ADRIEN.

Je vous le disais bien que j'avais un rival; mais j'étais loin de me douter du cadeau que l'on voulait vous faire.

ÉVA.

Du cadeau!...

ADRIEN.

On veut vous faire épouser M. Grandbougeoir.

ÉVA.

Bonté du ciel! est-ce possible?

ADRIEN.

J'avais surpris des regards, des gestes entre eux, et je me suis caché derrière cette tapisserie...

ÉVA.

Écouter, surprendre un secret, c'est très-mal.

ADRIEN.

L'amour justifie toutes les indélicatesses.

ÉVA.

Par exemple!

ADRIEN.

Mais, songez-y donc, épouser un pareil homme!

ÉVA.

Certes, M. Grandbougeoir est peu fait pour me plaire, mais il me faut obéir.

ADRIEN.

Éva, ce mariage ne se fera pas!

ÉVA.

Monsieur Adrien...

ADRIEN.

Non, je le jure à vos genoux, dussé-je...

CHRISTOVAL, paraissant un billet à la main.

Caramba!

ÉVA, se sauvant.

Mon père!

ADRIEN, la suivant.

Monsieur Christoval!...

SCÈNE VII.

CHRISTOVAL, seul; ensuite JOHNSTON, puis ADRIEN.

CHRISTOVAL.

Qu'ai-je vu? Un habit noir au genoux de ma fille, et cela au moment même où j'apprends que mon épouse... Ah! morbleu!... (Il va pour entrer au salon; Johnston le rencontre.)

JOHNSTON.

Christoval...

CHRISTOVAL.

Johnston!

JOHNSTON.

Voilà trois heures que je te cherche dans le bal.

CHRISTOVAL.

Je ne te cherche pas, mais je suis enchanté de te voir.

ADRIEN, revenant.

Il n'est plus seul.

JOHNSTON.

J'ai causé avec ta femme, et je t'avoue que je commence à croire...

CHRISTOVAL.

Moi, je ne crois plus, je suis certain.

JOHNSTON.

Certain?

CHRISTOVAL.

Écoute cette lettre.

JOHNSTON.

J'écoute.

ADRIEN, à part.

Et moi aussi...

CHRISTOVAL, lisant.

« Monsieur... » (S'interrompant.) Je ne sais de quel monsieur il est question... Ceci est un brouillon que j'ai trouvé par hasard en cherchant exprès dans sa corbeille. (Reprenant.) « Monsieur, c'est décidément demain vendredi que je donne mon bal, et je veux que tout arrive chez moi mystérieusement à trois heures de l'après-midi, heure à laquelle mon mari est toujours à la Bourse... Je vous ai dit qu'il s'agissait d'une conspiration, et j'espère que vous m'avez comprise... Pensez surtout aux drapeaux. »

JOHNSTON.

Fichtre !

CHRISTOVAL, continuant.

« Il en faut cinquante. »

JHONSTON.

Bigre !

CHRISTOVAL, continuant.

« Et les balles, je vous les recommande... »

JOHNSTON.

Des balles!

CHRISTOVAL, continuant.

« Célérité, prudence et mystère. »

JOHNSTON.

Mais c'est affreux ! Une conspiration au milieu d'un bal !

CHRISTOVAL.

Ma femme a vu le bal de Gustave, elle aura été enchantée de ce mélange de galop et de politique.

JOHNSTON.

La Chaussée-d'Antin s'agitant pour l'Amérique... C'est incompréhensible !

ADRIEN, à part.

Ah ! ma foi, profitons de la sottise de ces deux Transatlantiques.

CHRISTOVAL.

Et ne rien savoir... ni le mot d'ordre, ni le but, ni les moyens ?

ADRIEN, tombant au milieu d'eux.

Je sais tout!

JOHNSTON ET CHRISTOVAL, effrayés.

Hein !

ADRIEN.

Chut! silence !

CHRISTOVAL.

Mais c'est vous qui tout à l'heure...

ADRIEN.

Oui, j'étais aux pieds de votre fille et je lui disais que je l'aimais...

CHRISTOVAL.

Caramba !

ADRIEN.

Chut !... Et que je voulais l'arracher à un grand péril !

JOHNSTON ET CHRISTOVAL.

Un grand péril ! (Les trois têtes se rapprochent.)

ADRIEN, bas.

Comme vous, j'ai surpris les traces d'un complot, et je sais quel est le chef qui doit le conduire.

LES DEUX AUTRES, bas.

Son nom? son nom?

ADRIEN.

Grandbougeoir.

JOHNSTON.

Un bougeoir?

CHRISTOVAL.

Non, je sais, un grand qui vient chez moi depuis quelque temps, et qui boit beaucoup de punch.

JOHNSTON.

C'est lui qui doit conduire?... (Bruit au fond.)

CHRISTOVAL.

Le quadrille est terminé!

Air de NARGEOT.

Et la danse étant suspendue,
Vite, il faut me tenir caché;
Car ma femme, à cette heure indue,
Doit déjà me croire couché.

ADRIEN.

Oui, quittons ces lieux.

LES DEUX AUTRES.

Oui, quittons ces lieux.

CHRISTOVAL.

Suivez-moi tous deux.

LES DEUX AUTRES.

Suivons-le tous deux.

JOHNSTON.

Tous trois conspirons.

ADRIEN.

Mais dissimulons.

LES DEUX AUTRES.

Mais dissimulons.

REPRISE ENSEMBLE.

Oui, la danse étant suspendue.
te
Vite il faut me tenir caché,
vous
ta
Car ma femme à cette heure indue.
votre
te
Doit déjà me croire couché.
vous

(Ils sortent.)

SCÈNE VIII.

TOUTES LES DAMES, ATALA, puis GRANDBOUGEOIR.

TOUTES LES DAMES, entourant Atala.

Oh! nous vous en prions!

ÉVELINA.

Il va être bientôt trois heures!

CONSTANCE.

Dites-nous le nom du beau jeune homme qui doit conduire notre cotillon?

ATALA.

Non, mesdames, vous ne le saurez qu'au dernier moment.

AMÉLIE.

Mais puisque nous vous promettons de ne lui rien dire...

JULIE.

De ne pas lui parler.

GRANDBOUGEOIR, entrant.

Je viens de fumer trois cigares.

ATALA, l'apercevant.

Ah! (Allant à lui.) Eh bien?

GRANDBOUGEOIR, bas.

La boutique était fermée, impossible de la faire ouvrir.

ATALA.

Comment, pas de nourrice?...

GRANDBOUGEOIR.

A l'heure qu'il est, il sera difficile de s'en procurer même une vraie.

ATALA, avec dignité.

Je n'en ai pas besoin.

GRANDBOUGEOIR.

Ni moi non plus.

ÉVELINA, aux autres dames.

Plus de doute, ils se concertent.

TOUTES.

Eh bien?

ÉVELINA.

C'est lui qui doit conduire...

TOUTES.

Qui?

CLARISSE.

Lui qui ne sait pas se conduire lui-même!

JULIE.

Et moi qui lui ai dit qu'il dansait mal!

CONSTANCE.

Moi qui ai refusé de danser avec lui!

AMÉLIE.

Il faut lui faire oublier tout cela.

GRANDBOUGEOIR, qui était remonté avec Atala.

Ce n'est pas ma faute!

ÉVA, allant à lui.

Ah! monsieur Grandbougeoir, ce n'est pas gentil!

AMÉLIE, de même.

Nous quitter au milieu du bal!

BERTHE.

Nous abandonner ainsi!

CONSTANCE, de même.

Vous m'invitez à danser, et vous partez...

GRANDBOUGEOIR.

Mais vous m'aviez refusé.

CONSTANCE.

Innocent! il y a des non qui valent des oui.

GRANDBOUGEOIR, à part.

Quels yeux!

JULIE.

Monsieur Grandbougeoir est mon danseur, et je ne le céderai à personne.

GRANDBOUGEOIR.

Ah! madame, avec vous je danserais sur un paratonnerre.

ATALA.

Ah! mesdames, prenez garde, vous allez étouffer ce pauvre monsieur.

GRANDBOUGEOIR.

Être étouffé sous des roses, quel plus doux trépas!

CLARISSE.

On n'est pas plus galant!

ATALA.

Je vois que vous avez deviné que c'est lui qui doit conduire notre cotillon.

BERTHE.

Comme le plus aimable.

TOUTES.

Comme le plus charmant.

GRANDBOUGEOIR.

Mesdames... mesdames...

ÉVELINA.

Trois heures moins un quart!

ATALA.

C'est juste voici bientôt l'heure... Il faut laisser monsieur se recueillir.

Air : *les Gandins.*

Nous devons pour notre final
Être prêts au premier signal.

TOUS.

Nous devons pour notre final

Être prêts au premier signal.

ÉVELINA.

Allons, monsieur, l'heure s'avance !

AMELIE.

Du génie et de la science!

JULIE.

Songez que vous régnez sur nous !

CONSTANCE.

Que le succès dépend de vous!

REPRISE. — Sortie des dames. — Adrien entre avec Johnston, lui montre Grandbougeoir et sort.

SCÈNE IX.

JOHNSTON, GRANDBOUGEOIR.

GRANDBOURGEOIR, à lui-même.

Certainement, à l'envisager sous le point de vue féminin, le cotillon a son charme, je ne puis le nier.

JOHNSTON, à part.

Joignons la ruse du sauvage à l'énergie de l'homme du nord.

GRANDBOUGEOIR, toujours à lui-même.

Mais si vraiment le succès dépend de moi... une pareille responsabilité...

JOHNSTON, l'interrompant.

Monsieur !

GRANDBOUGEOIR.

Monsieur?

JOHNSTON.

Je sais tout, et je veux en être.

GRANDBOUGEOIR.

En être... de quoi?

JOHNSTON.

Eh! je veux être des vôtres.

GRANDBOUGEOIR.

Ah! pour le...

JOHNSTON.

J'y ai des droits, je suis du sud.

GRANDBOUGEOIR.

Certainement... le sud... Après cela, vous seriez du nord... Cependant peut-être vaut-il mieux...

JOHNSTON.

Vous devez être du sud... vous?

GRANDBOUGEOIR.

Moi? Je suis de Coulange-la-Vineuse.

JOHNSTON.

Vous n'êtes pas Américain ?

GRANDBOUGEOIR.

Moi ? Pas du tout ! pas jusqu'à présent.

JOHNSTON, jouant la gaieté.

Et c'est cette nuit que nous entrons en danse ?

GRANDBOUGEOIR.

Tout à l'heure, dans cinq ou six minutes.

JOHNSTON, en confidence plus sérieuse.

Sommes-nous nombreux ?

GRANDBOUGEOIR.

Mais oui, assez nombreux.

JOHNSTON.

Et vous répondez de vos hommes ?

GRANDBOUGEOIR.

Mes hommes !... Dame... j'en réponds... jusqu'à un certain point.

JOHNSTON.

Comment ?

GRANDBOUGEOIR.

J'espère qu'ils me seconderont ; sans cela.

JOHNSTON.

Mais c'est vous qui êtes chargé de les conduire ?...

GRANDBOUGEOIR.

Oui, mais je ne peux pas tout faire. (A part.) Diable ! qu'il ne se doute pas que je ne sais rien.

JOHNSTON, à part.

Soyons adroit... (En confidence.) Voulez-vous que je vous seconde ?

GRANDBOUGEOIR.

Est-ce que vous le pourriez ?

JOHNSTON.

Oui ; seulement, il faudra me dire où vous cachez les armes.

GRANDBOUGEOIR.

Les armes ? Ah ! les flèches, les carquois ?

JOHNSTON.

Oui.

GRANDBOUGEOIR.

Là, dans une grande armoire.

JOHNSTON.

Ici !

GRANDBOUGEOIR.

Oui, avec les drapeaux.

JOHNSTON.

Et les balles ?

GRANDBOUGEOIR.

Et le bonnet de coton.

JOHNSON, reculant.

Le bonnet de coton!

GRANDBOUGEOIR.

Pour la victime.

JOHNSON, effrayé.

La victime!

GRANDBOUGEOIR.

Ah! J'oubliais un grand malheur qui nous arrive.

JOHNSTON.

Ciel!

GRANDBOUGEOIR.

Nous n'avons pas de tête de nourrice.

JOHNSTON.

Vous n'avez pas?...

GRANDBOUGEOIR.

Mais madame Christoval aura su s'en procurer une.

JOHNSTON.

Une tête de nourrice!

GRANDBOUGEOIR.

Oui, est-ce que vous ne savez pas?

JOHNSTON.

Si fait! (A part.) Je frémis!

JOHNSTON, voyant entrer les maris.

Silence! nous ne sommes plus seuls.

GRANDBOUGEOIR.

Ah! diable!

SCÈNE X.

LES MÊMES, PLUMASSIN, BICHONNET, RAVAGEON, ADRIEN.

GRANDBOUGEOIR.

Qu'ont-ils donc? On dirait qu'ils ont du chagrin?

ADRIEN, s'approchant impétueusement de Grandbougeoir.

Je suis du sud.

GRANDBOUGEOIR.

Lui aussi!

TOUS LES AUTRES.

Je suis du sud!

GRANDBOUGEOIR.

Ils sont tous du sud. Il n'y a que moi qui suis de Coulanges.

ADRIEN.

Donnerez-vous bientôt le signal?

GRANDBOUGEOIR.

Je crois que oui, tout à l'heure.

ADRIEN.

Chut!

LES MARIS.

Chut !

GRANDBOUGEOIR.

Chut ! (A part.) Quel drôle de jeu !

SCÈNE XI.

LES MÊMES, CHRISTOVAL, ensuite ATALA.

CHRISTOVAL, entrant.

Tous rassemblés ! Serait-ce le moment ?

GRANDBOUGEOIR.

M. Christoval !

ADRIEN.

Chut !

JOHNSTON, bas à Christoval.

Les armes sont là.

CHRISTOVAL.

Là ?

ATALA, arrivant comme une folle avec quelque chose enveloppé dans un linge.

La voilà !... J'ai la tête... j'ai la tête... (Apercevant Christoval.) Ciel ! mon mari !

CHRISTOVAL.

Elle a la tête !... De quelle tête parlez-vous, madame ?

ATALA.

Comment, monsieur, vous n'êtes pas couché ?

CHRISTOVAL.

Vous comptiez sur mon sommeil... Mais un mari ne dort pas quand sa femme conspire.

GRANDBOUGEOIR.

Conspire...

ATALA.

Il sait tout !

CHRISTOVAL.

Johnston, ouvrez cette armoire... et vous, madame, montrez ce que vous avez là.

JOHNSTON, ouvrant l'armoire.

Voilà !

ATALA, montrant la tête.

Voilà !

CHRISTOVAL ET JOHNSTON.

Qu'est-ce que c'est que ça ?

ATALA.

Eh bien, oui, monsieur, puisque vous êtes un tyran, je conspire contre vous, et, pour m'amuser, j'attends que vous soyez couché.

CHRISTOVAL.

Pour vous amuser!...

ATALA.

Oui, monsieur, pour danser le cotillon, et nous le danserons malgré vous.

CHRISTOVAL.

Mais cette lettre, madame, cette lettre, me direz-vous aussi que c'est pour danser le cotillon?...

ATALA.

Mon brouillon de lettre à Giroux.

JOHNSTON.

Giroux!

CHRISTOVAL.

Quel est ce Giroux?

ATALA.

Le marchand de jouets pour le cotillon.

CHRISTOVAL.

Pour le cotillon! (A Johnston.) Ah çà! qu'est-ce que tu me disais donc, toi?

JOHNSTON.

Moi? Mais non... c'est toi qui prétendais...

CHRISTOVAL.

Du tout. (Montrant Adrien.) C'est monsieur qui nous affirmait...

ADRIEN.

Moi?... Oh! par exemple! ce sont ces messieurs...

LES MARIS.

Nous?... Ah! c'est trop fort!

ATALA.

Mais enfin, monsieur, qu'avez-vous donc cru?

CHRISTOVAL.

Moi? Rien, des bêtises... Dansons le cotillon; je ne sais pas ce que c'est, mais je l'adore.

TOUS.

Ah! à la bonne heure!

SCÈNE XII.

LES MÊMES, TOUTES LES DAMES.

JULIE.

Trois heures sont sonnées!

CONSTANCE.

Dansons-nous ou ne dansons-nous pas?

ATALA.

Nous dansons... En place!... Allons, monsieur Grandbougeoir, réglez la mise en scène.

GRANDBOUGEOIR.

Oui, belle dame... (Allant à Johnston.) Soufflez-moi!

JOHNSTON.

Plaît-il?

GRANDBOUGEOIR.

Oui, soufflez-moi, c'est l'instant. — Que faut-il que je fasse?

JOHNSTON.

Est-ce que je le sais, moi!

GRANDBOUGEOIR.

Comment! vous ne le savez pas?...

JOHNSTON.

Est-ce que je m'occupe de cotillon...

GRANDBOUGEOIR.

Mais je suis perdu, alors!... (Pendant ce dialogue, tout le monde s'est assis, les hommes d'un côté, les femmes de l'autre, de manière à former un cercle au milieu duquel Grandbougeoir reste isolé.)

AMÉLIE.

Eh bien, monsieur Grandbougeoir?

ÉVELINA.

Est-ce que vous vous apprêtez à danser le cavalier seul?

GRANDBOUGEOIR.

Ah! ma foi, j'y renonce... Je ne connais pas le cotillon, je ne l'ai jamais vu danser, je l'ignore complétement. (Allant s'asseoir.) Et voilà!

ATALA, se levant.

Qu'est-ce que j'apprends?... une pareille trahison!

LES FEMMES, se levant.

Comment! plus de cotillon!

ADRIEN.

Pardon, mesdames, je sais le conduire, moi.

TOUTES, l'entourant.

Monsieur Adrien!

ATALA.

Vous seriez assez aimable?...

ADRIEN, insinuant.

Pour vous obliger, madame, que ne ferait-on pas?

ATALA, à elle-même.

Ce jeune homme est charmant!

ADRIEN.

En place pour le cotillon! (Danse.)

FIN.

Lagny. — Typographie de A. Varigault.

www.ingramcontent.com/pod-product-compliance
Ingram Content Group UK Ltd.
Pitfield, Milton Keynes, MK11 3LW, UK
UKHW021029260726
13994UKWH00005B/2033

9 782329 418278